Gijs Jansen

Achtsam durch den Tag

Ein Fächer mit mehr als
30 alltagstauglichen Übungen

hogrefe

Titel der Originalausgabe:

Mindfulness for the road.
Meer dan 30 oefeningen by Gijs Jansen

aus dem Niederländischen übersetzt von
Waltraud Heitzer-Gores

Hogrefe Verlag GmbH & Co. KG
Merkelstraße 3
37085 Göttingen
Deutschland
Tel. +49 551 999 50 0
Fax +49 551 999 50 111
info@hogrefe.de
www.hogrefe.de

Umschlagabbildung: © iStock.com by
Getty Images / Jevtic
Druck: AZ Druck und Datentechnik,
Kempten
Printed in Germany
Auf säurefreiem Papier gedruckt

1. Auflage 2020

ISBN 978-3-8017-3034-5
http://doi.org/10.1026/03034-000

Inhaltsverzeichnis

Das Leben als Spielwiese betrachten

Wir Erwachsene pressen uns oft in ein Korsett, das bedeutet, alles, was wir tun, muss immer sinnvoll und nützlich sein. „Spinn doch nicht so rum, benimm dich“, ist die Devise.

Als wir jung waren, haben wir bewusst herumgesponnen, fürs Benehmen war noch Zeit genug. Achtsamkeit möchte diese Verspieltheit in Ihr Leben zurückholen und Ihnen Erfahrungen und Erlebnisse ermöglichen, die Ihre Gedanken für unmöglich gehalten hätten.

Lassen Sie sich nicht weiter von den rationalen Begrenzungen Ihres Verstandes einschränken. Machen Sie sich die Hände schmutzig, entdecken Sie die Welt neu und lassen Sie Ihre Sehnsüchte sprechen!

Inhaltsverzeichnis (Forts.)

Einmal was Verrücktes tun!

Was tun Kinder, wenn sie etwas Neues entdecken? Überlegen sie sich erst, ob es schlau und praktisch ist, es zu tun oder nicht zu tun? Aber nein! Kinder probieren Dinge einfach aus und lassen sich überraschen, wie weit sie damit kommen. Seien Sie doch auch einmal verrückt und machen Sie die folgende Übung.

Nehmen Sie einen guten Löffel Mayonnaise (oder eine andere Soße) und schmieren Sie diese in Ihre linke Handinnenfläche. Nehmen Sie wahr, wie (seltsam) sich das anfühlt und erlauben Sie jeden Gedanken. Mit anderen Worten: Beobachten Sie, wie es sich anfühlt, eine Hand voller Mayonnaise zu haben.

Gehen Sie dann zum Waschbecken und verteilen Sie die Mayonnaise auf beide Hände, so als ob Sie sich die Hände waschen würden. Das fühlt sich sicherlich sehr ungewohnt an und vielleicht entsteht dabei auch ein seltsames Geräusch. Reagieren Sie aufgeschlossen und lassen Sie es zu. Sie dürfen es komisch finden und eklig und witzig und lächerlich.

Warten Sie mit dem Händewaschen, bis Sie sich an das Gefühl gewöhnt haben.

Achtsamkeit braucht keinen bestimmten Ort!

Dieser Fächer ist ein praktischer Begleiter für alle, die Achtsamkeit praktizieren und sich selbst und ihre Umgebung neu erkunden und sehen lernen wollen. Achtsamkeit ist keine Frage der Örtlichkeit, Sie können immer und überall achtsam sein. Es geht auch nicht darum, außergewöhnliche Situationen aufzusuchen oder neue Wege zu gehen. Alles, was Sie erleben werden, ist schon da. Sie lernen vor allem, Ihre Wahrnehmung zu schärfen und offen zu sein für das, was sich im *Hier und Jetzt* ereignet.

Klingt das wie Hokuspokus in Ihren Ohren? Bedenken Sie dann, dass Sie vor allem die Wirklichkeit, so wie sie ist, neu erkunden werden. Achtsamkeit hebt Sie nicht auf eine rosarote Wolke, sondern weitet Ihren Blick und lässt Sie über den Tellerrand hinausschauen.

Offen und neugierig sein

Wir neigen nicht nur dazu, die kurzfristigen Folgen unseres Verhaltens im Blick zu haben, sondern wir haben auch die angeborene Gewohnheit, schnell vor neuen Erfahrungen wegzulaufen. Vieles finden wir vorschnell komisch, seltsam, angsteinflößend oder doof. Das kommt daher, weil wir von Natur aus vor allem darauf programmiert sind, Unfälle zu vermeiden. Von einem seltsam aussehenden Insekt nehmen wir an, dass es gemein sticht!

Wer mit einer offenen und neugierigen Haltung auf die Welt zugeht, entdeckt, dass die meisten Dinge in Wirklichkeit ganz anders sind, als man sich das vorher ausmalte. Bei mir zu Hause hängt der folgende Spruch an der Wand:

Erst erleben, dann urteilen.

Finden Sie heraus, was Sie alles vermeiden, und fragen Sie sich, ob das eine angemessene Verhaltensweise ist. Die meisten Phobien bleiben uns erhalten, weil wir die Konfrontation mit der Angst meiden. Wenn Sie bereit sind, die Dinge zu erleben, könnte es durchaus sein, dass die Angst wie Schnee in der Sonne verschwindet...

Was ist Achtsamkeit?

Achtsamkeit bedeutet,
auf eine bestimmte Weise aufmerksam zu sein:
bewusst, im gegenwärtigen Augenblick
und ohne zu urteilen.
Jon Kabat-Zinn

Unser Verstand steht uns oft im Weg. Wir grübeln endlos über unsere Arbeit, über Geld, Beziehungen, die Zukunft und unsere Gesundheit. Wir bleiben in unserem Denken gefangen. Achtsam sein dagegen bedeutet aktives Beobachten all dessen, was wir in diesem Moment erleben. Und zwar möglichst, ohne zu urteilen. Achtsamkeit lehrt uns, die Realität zuzulassen, auch dann, wenn unser Denken diese Realität als unangenehm einstuft.

Ein Beispiel: Wenn Sie Kopfschmerzen haben, ist das in dem Moment Ihre Realität. Ihre Gedanken werden Ihnen sagen, dass es nicht schön ist, Kopfschmerzen zu haben und dass Sie etwas tun sollten, um sie so schnell wie möglich loszuwerden. Wenn Sie dagegen die Kopfschmerzen aktiv erforschen, könnte es sein, dass Sie den Schmerz auf eine völlig andere, überraschende Weise erleben. Und wie? Lesen Sie weiter und entdecken Sie es selbst!

Aufgehen in dem, was man tut

„Ist es schon so spät? Wie lange sitzen wir denn um Himmels willen schon hier?"

Auf einmal spürte ich mein Sitzfleisch. Stundenlang saßen meine Freundin und ich auf den Stufen der Sacré-Cœur de Montmartre in Paris und waren in unser Gespräch vertieft. Manche Erlebnisse sind so schön, dass man die Zeit völlig vergisst.

Lassen Sie das zu einem wichtigen Pfeiler Ihrer Suche nach neuen Erfahrungen werden. Wenn Sie merken, dass Sie völlig in etwas aufgehen und das Gefühl haben, die Zeit sei währenddessen wie im Flug vergangen und Ihre Sorgen sehr weit weg, ist das Achtsamkeit par excellence.

Es ist unwichtig, wo Sie sind und was Sie tun. Ob Sie spazieren gehen, basteln, malen oder zum Klettern in den Bergen sind; entdecken Sie, was am besten zu Ihnen passt. Ich kenne Leute, die glücklich sind, wenn sie wochenlang an einem Modellflugzeug bauen können und andere, die mit Freude und Genuss mit einem Glas Wein im Garten sitzen.

Was ist Achtsamkeit nicht?

In unserer heutigen Gesellschaft streben die Menschen danach, stets angst- und schmerzfrei leben zu können. Viele denken, dass Sie mithilfe der Achtsamkeit Angst und Schmerz für immer verbannen können.

Doch das ist gar nicht das Ziel der Achtsamkeit und der Übungen in diesem Fächer. Sicherlich werden Sie als „Nebenwirkung" erfahren können, dass Sie sich öfter entspannt und glücklich fühlen. Aber das zentrale Ziel der Achtsamkeit ist nicht, Ihre Angst und Ihren Schmerz zu reduzieren. Das hört sich womöglich überraschend für Sie an, da Sie eventuell daran gewöhnt sind, gegen diese unangenehmen Symptome anzukämpfen. Das wichtigste Ziel der Achtsamkeit ist jedoch, diesen Kampf nicht weiterzuführen.

Die Übungen entfalten Ihre Wirkung umso besser, je weniger Erwartungen Sie im Vorfeld haben. Stellen Sie sich vor, Sie würden Angstsymptome und Schmerzen irgendwann nicht mehr bekämpfen müssen und trotz der Anwesenheit von Angst und Schmerz vollkommen glücklich sein können. Was haben Angst oder Schmerzen dann noch für einen Stellenwert?

Neue Erfahrungen machen

Sagen Sie manchmal: „Das ist nichts für mich", obwohl Sie die Sache, um die es geht, noch nie ausprobiert haben? Dann wird es Zeit, diesen zu kurz greifenden Gedanken fallen zu lassen.

Es geht nicht darum, zu unterscheiden, ob Erfahrungen negativ oder positiv sind. Alles zählt, auch wenn Ihre Gedanken Ihnen nahelegen wollen, dass diese oder jene Erfahrung letztlich doch enttäuschend sein wird.

Ich spreche hier nicht von einer Weltreise oder einem neuen Job. Es geht darum, im Kleinen einmal neue Dinge auszuprobieren. Probieren Sie einmal etwas, das Sie noch nie gegessen haben, schauen Sie den Film, von dem Sie glauben, dass Sie ihn nicht mögen, doch an und legen Sie Musik auf, die Ihre Gedanken bereits vorher ablehnen.

Damit durchbrechen Sie unmittelbar festgefahrene Muster, die Sie in alten Gewohnheiten festhalten. Ist die neue Erfahrung eine Enttäuschung, dann wissen Sie wenigstens, dass Sie diese Sache wirklich nicht mögen.

Wie wird Achtsamkeit praktiziert?

Drei wichtige Hinweise:

1. *Versuchen Sie, Ihre Gedanken, Emotionen und körperlichen Empfindungen möglichst nicht zu steuern.*

Achtsamkeit hat mit Wahrnehmung zu tun, nicht mit Entspannung. Das heißt, Sie achten zum Beispiel bewusst auf Ihre Atmung, versuchen aber nicht, langsamer zu atmen oder anderweitig einzugreifen. Ebenso die Gedanken. Sie beobachten, wie unangenehme Gedanken kommen, Sie versuchen aber nicht, diese durch positive Gedanken zu ersetzen. Seien Sie offen für alles, was ist.

2. Seien Sie neugierig!

Erkunden Sie mit diesem Fächer als Wegweiser Ihr Leben neu. Gehen Sie mit offenen Augen und Ohren durch das Leben und geben Sie den Übungen eine Chance, ihre Wirkung zu entfalten.

3. Glück findet sich in den kleinsten Dingen.

Lassen Sie diesen Satz auf sich wirken. Ihre Gedanken wollen Ihnen vielleicht suggerieren, es sei sinnlos, so aufmerksam bei allem zu verweilen. Doch genau diese Art von Erfahrung sorgt schließlich dafür, dass Sie Ihr Leben als schöner und wertvoller empfinden werden.

Es gibt so vieles, was ich noch erleben oder machen möchte.
Wie kann es sein, dass ich einfach nicht dazu komme?
Karin (47 Jahre)

Wir Menschen ziehen oft das kurzfristige Belohnungserlebnis dem langfristigen vor. Auf dem Sofa bleiben zu dürfen, klingt nun einmal viel attraktiver als Schuhe anziehen, Sachen einpacken und zum Schwimmbad radeln. Aber auf *lange* Sicht (wenn Sie einmal im Schwimmbad sind) geben diese Dinge uns die meiste Befriedigung.

Darum geht es also: sich die Mühe zu machen. An der kurzfristigen Sache vorbeizuschauen und sich für ein Ziel zu entscheiden, für das man sich anstrengen muss. Die Erkenntnis, dass wir generell dazu neigen, auf dem Sofa zu bleiben, kann uns helfen, neue Wege zu gehen.

Sie sind nämlich weder faul noch schwach oder passiv; Sie haben nur, wie alle anderen Menschen auch, die angeborene Neigung, den einfachsten Weg zu wählen. Wie Sie trotzdem mehr aus Ihrem Leben machen können? Lesen Sie auf den nächsten Seiten weiter.

Was ist Ihr persönlicher Nutzen?

Wissenschaftliche Studien zeigen, dass Menschen, die ihr Leben lang aktiv bleiben, am zufriedensten sind. Das klingt wie eine Binsenweisheit, man muss sich jedoch vergegenwärtigen, dass diese Menschen auch bereit sind, *negative Dinge* in ihrem Leben zuzulassen.

Menschen, die allem (Gutem und Schlechtem), was Sie erleben, offen gegenüberstehen, sagen, sie hätten ein reiches Leben. Menschen, die weniger offen sind und beispielsweise angstbesetzte Dinge vermeiden oder unangenehme Gefühle nicht zulassen, werden letztlich vor allem die Dinge bereuen, die sie in ihrem Leben nicht getan haben.

Die Praxis der Achtsamkeit lässt Sie offener werden und erhöht Ihre Bereitschaft, das Leben so zu nehmen, wie es ist. Waren Sie schon immer neidisch auf die unbefangene Art und Weise, wie Kinder in allem aufgehen, was sie tun? Mit den Übungen in diesem Fächer kommen Verspieltheit und Fröhlichkeit auch wieder in Ihr Leben.

Die Arbeit beenden

Sie sollten darauf achten, Ihre Arbeit nicht „mit nach Hause zu nehmen" (sowohl im wörtlichen als auch im übertragenen Sinn). Durch die hohen Anforderungen der heutigen Zeit an berufstätige Menschen ist dies jedoch leichter gesagt als getan. Gut funktioniert das folgende Ritual:

Am Ende des Arbeitstages wollen wir gern so schnell wie möglich alles beenden und nach Hause gehen. Nehmen Sie sich an dieser Stelle ab jetzt ein paar Minuten Zeit.

Vergegenwärtigen Sie sich, dass Sie nun Ihre Arbeit beenden. Schauen Sie noch kurz auf den PC, nachdem Sie ihn ausgeschaltet haben. Nehmen Sie bewusst Ihre Jacke in die Hand und gehen Sie aufmerksam in Richtung Ausgang.

Machen Sie es sich zur Gewohnheit, die Tür des Gebäudes, in dem Sie arbeiten, bewusst wahrzunehmen und zu hören, wie die Tür ins Schloss fällt. In diesem Moment, ist Ihr „Laden" offiziell geschlossen. Sagen Sie sich innerlich, dass Sie jetzt die Arbeit hinter sich lassen und frei sind, zu tun und zu lassen, was Sie wollen.

So übertrieben sich das anhören mag: Das ist ein wirksames Instrument, um die Grenze zwischen Arbeit und Privatleben zu ziehen. Viel Erfolg!

Zum Aufbau des Fächers

Der Fächer besteht aus einem Basisteil (Einleitung sowie den Abschnitten „Körper“ und „Sinne“), in dem Sie das Handwerkszeug erhalten, um Achtsamkeit in jeder Situation anwenden zu können. Weitere Abschnitte des Fächers beschäftigen sich mit den unterschiedlichen Umgebungen („Arbeitsplatz“, „zu Hause“, „Freizeit“), in denen Sie die Praxis der Achtsamkeit anwenden können, und mit den inneren Erlebnissen (Abschnitt „Emotionen“).

Am besten, Sie fangen mit den Situationen an, in denen Sie am meisten Stress empfinden. Wählen Sie zuerst die Übungen, die Ihnen am sympathischsten sind.

Je mehr Sie üben, desto mehr Achtsamkeit kommt in Ihr Leben. Achtsamkeit kann schließlich zu einem neuen Lebensstil führen, der beinhaltet, dass Sie allem, was ist – innere Empfindungen oder äußere Wahrnehmungen – mit Neugierde und Offenheit begegnen. Im Schlusskapitel (Abschnitt „Entdecken lernen“) wird zusammengefasst, wie Sie durch Ausprobieren und Experimentierfreude Ihr Leben bereichern können.

Sitzungen beiwohnen

Jeder kennt die langweiligen, wöchentlich stattfindenden Meetings, die immer endlos zu dauern scheinen. Innerhalb der Routine einer Arbeitsbesprechung können Sie diese für sich selbst interessanter gestalten, indem Sie auf Dinge achten, die Ihnen vorher nicht aufgefallen sind.

Selbstverständlich ist es wichtig, dass Sie mit Ihrer Aufmerksamkeit bei der Besprechung bleiben. Versuchen Sie, Ihre Aufmerksamkeit auf die Person zu lenken, die gerade spricht. Neben dem Zuhören können Sie versuchen, auch die anderen vier Sinne völlig zu öffnen. Nehmen Sie wahr, wie Sie sitzen, wie Ihre Hände auf dem Tisch oder auf dem Papier liegen, erschnuppern Sie den Kaffee oder das Parfum Ihrer Nachbarin und achten Sie darauf, wie die Stimme des Vortragenden klingt. Was sehen Sie im Hintergrund dieser Person? Steht da eine Pflanze in der Ecke? Hängt ein Gemälde an der Wand?

Sie werden merken, dass Sie sich besser auf den Inhalt der Besprechung konzentrieren können, wenn Sie auch aktiv auf andere Dinge achten. Achtsam sein bedeutet, das Gesamtbild zu erleben. Probieren Sie es einmal aus! Die Besprechungen werden nie mehr so sein wie vorher!

Oft bin ich mit meinen Kindern, der Arbeit und den Einkäufen so beschäftigt, dass ich überhaupt keine Zeit finde, zu mir selbst zu kommen. So komme ich regelmäßig den ganzen Tag über überhaupt nicht zu mir selbst. Erst am Abend, wenn ich endlich in Ruhe auf dem Sofa sitzen kann, spüre ich, wie verspannt ich im Nacken bin und dass ich insgesamt total verkrampft bin. Wie kann ich mich entspannen, wenn immer so viel zu tun ist?

Johanna (36 Jahre)

Wir werden durch die Hektik um uns herum bestimmt und vergessen deshalb oft, aktiv wahrzunehmen, wie wir uns fühlen. Am Ende eines hektischen Tages reagiert unser Körper wie ein weinendes Kind, das lange keine Aufmerksamkeit bekommen hat.

Wenn es gelingt, kleine Momente (von höchstens zwei Minuten) in die Alltagsroutine zu integrieren, verbessert sich bereits der Kontakt zum eigenen Körper, was wiederum Verspannungen, die sich im Körper festsetzen wollen, entgegenwirkt.

Mittagspause

Wenn Sie viel Stress an Ihrem Arbeitsplatz haben, können Sie sich bewusst dafür entscheiden, Ihre Pause als Moment der Achtsamkeit zu nutzen. Das heißt, Sie müssen bereit sein, einige „eigenwillige" Dinge zu tun. Viele Menschen fühlen sich verpflichtet, in den Pausen angeregte Gespräche mit den Kolleginnen und Kollegen zu führen. Finden Sie für sich heraus, ob Sie dieses Bedürfnis haben.

Es ist Ihr Leben und es ist Ihre Zeit am Arbeitsplatz. Wenn Sie in der Pause lieber im Wald oder im Park spazieren gehen möchten, tun Sie es. Wenn Sie der Meinung sind, das sei unhöflich den Kolleginnen und Kollegen gegenüber, fragen Sie sie, ob sie vielleicht mitkommen möchten.

Wenn Sie allein Mittag essen wollen und in der Stille sein wollen, gönnen Sie sich das. Das Wort Pause bedeutet: *eine kürzere Unterbrechung einer Tätigkeit, die der Erholung, Regenerierung o.Ä. dienen soll* (Quelle: Duden online).

Machen Sie deshalb etwas, was Sie tatsächlich von der Arbeit wegholt. Sie meinen, das sei selbstredend? Wenn es nach mir ginge, können Sie gern offene Türen einrennen!

Bodyscan

Setzen Sie sich an einen ruhigen Ort und schließen Sie die Augen. Achten Sie auf Ihre Atmung und versuchen Sie, die Atmung nicht zu lenken. Nehmen Sie wahr, wie Sie atmen und lassen Sie die Atmung ganz selbstverständlich geschehen.

Lenken Sie Ihre Aufmerksamkeit nun auf Ihre Füße und nehmen Sie wahr, wie sich Ihre Füße anfühlen. Schmerzen Sie vom vielen Gehen oder von zu engen Schuhen, die Sie vielleicht getragen haben? Oder sind Ihre Füße eher entspannt? Nehmen Sie bewusst wahr, was Sie fühlen, und wandern Sie dabei mit Ihrer Aufmerksamkeit vom linken Fuß zum rechten Fuß.

Fahren Sie anschließend fort mit den Unterschenkeln, den Knien, den Oberschenkeln, dem Bauch, der Brust, den Oberarmen, den Unterarmen und Ihren Händen. Dann erreichen Sie mit Ihrer Aufmerksamkeit den Kopf. Nehmen Sie wahr, was Sie im Nacken spüren, was Sie am Kopf spüren und was Sie im Gesicht spüren.

Lassen Sie sich Zeit, um den ganzen Körper mit Ihrer Aufmerksamkeit zu scannen und achten Sie auf Empfindungen der Verspannung und der Entspannung. *Versuchen Sie aber nicht, sich zu entspannen.* Wenn Ihre Gedanken abschweifen und Sie das bemerken, kehren Sie mit Ihrer Aufmerksamkeit zur Übung zurück.

Je öfter Sie den Bodyscan üben, desto einfacher wird die Übung für Sie.

Kolleginnen und Kollegen

Ein Auslöser von Stress, der am Arbeitsplatz mit am häufigsten vorkommt, ist eine bestimmte Kollegin oder dieser eine Kollege, über die man sich jeden Tag aufs Neue ärgert …

Je mehr wir versuchen, diesen Menschen aus dem Weg zu gehen, desto größer wird oftmals der Ärger. Der erste Schritt wäre hier, anzuerkennen, dass Sie dieses Gefühl nicht ausschalten können.

Je mehr Raum Sie einer Sache geben, desto weniger leiden Sie darunter, erinnern Sie sich noch an diese „Regel"? Versuchen Sie, diesen Gedanken aktiv umzusetzen, indem Sie die Kollegin oder den Kollegen bewusst aufsuchen. Sie müssen sich ja nicht gleich auf ihren bzw. seinen Schoß setzen, wichtig ist die Erfahrung, dass Ihre Gefühle der Irritationen auch da sein dürfen. Sie können ein normales Gespräch mit jemandem führen, auch wenn Sie die Stimme dieser Person oder irgendetwas anderes an ihr nicht leiden können.

Nehmen Sie wahr, dass Sie sich aufregen und laufen Sie nicht weg. Geben Sie diesem unvermeidlichen Aspekt Ihrer Arbeit bewusst Raum und denken Sie an das alte buddhistische Sprichwort:

Wer den Feind umarmt,
macht ihn bewegungsunfähig.

Kopfschmerzen

Wenn Sie unter Kopfschmerzen leiden, dann probieren Sie die folgende Übung aus.

Setzen Sie sich, schließen Sie die Augen und achten Sie zunächst wieder auf Ihre Atmung, ohne diese lenken zu wollen. Machen Sie sich nun aktiv auf die Suche nach Ihrem Kopfschmerz. Visualisieren Sie, wo im Kopf der Schmerz sich genau befindet.

Zunächst wird die Schmerzempfindung dadurch vermutlich etwas zunehmen. Versuchen Sie, gerade jetzt mit der Übung fortzufahren. Sollten Sie Gedanken wahrnehmen, die vermitteln wollen, dass dies eine unsinnige Übung sei, geben Sie auch diesen Gedanken allen Raum und fahren Sie mit der Übung fort.

Suchen Sie den Schmerz auf und spüren Sie genau hin. Was fühlen Sie? Geben Sie dem Kopfschmerz allen erdenklichen Raum und schauen Sie sich in Gedanken den Ort, an dem der Kopfschmerz sitzt, an. Wie sieht diese Stelle aus?

Verweilen Sie noch ein wenig bei der Wahrnehmung des Kopfschmerzes, ohne ihn bekämpfen zu wollen. Spüren Sie anschließend nach, ob sich etwas verändert hat. Je länger Sie bei etwas verweilen, desto größer ist die Chance, dieses Etwas anschließend anders zu erleben.

Computer

Arbeiten Sie viel am PC? Fangen Sie den Tag dann damit an, dass Sie eine „Müssen-Liste“ erstellen. Ähnlich wie Laura von der vorherigen Seite haben sehr viele Menschen eine solche Liste mit den Anforderungen des Tages im Kopf. Die folgende Übung holt die Liste aus dem Kopf heraus und bringt sie auf Papier. Möglicherweise betrachten Sie die strengen Gedanken dann mit anderen Augen.

Schreiben Sie also buchstäblich auf, was Sie alles tun müssen: „Ich erwarte heute von mir, dass ich ... und ... und ... mache und, oh weh, wenn ich es nicht gut hinkriege.“ Behalten Sie diese Liste für sich und schreiben Sie alles auf, was Ihr Verstand Ihnen eingibt und wenn es noch so seltsam klingt.

Das Aufschreiben dient dazu, buchstäblich Abstand von den perfektionistischen Gedanken zu gewinnen. Ihr PC wird zum Parkplatz für Ihren Perfektionismus.

Schauen Sie sich an, was Sie aufgeschrieben haben. Was halten Sie davon? Die meisten Menschen, die so ihre eigenen Gedanken betrachten, erkennen in dem Moment, wie lächerlich streng sie zu sich selbst sind. Kosten Sie dieses Gefühl aus, bevor Sie an die Arbeit gehen und selbstverständlich achten Sie auch auf den Kontakt Ihrer Finger zur Tastatur!

Erschöpfung und Müdigkeit

Wenn Sie erschöpft und müde sind, dann warten Sie noch einen Augenblick mit dem starken Kaffee und probieren Sie zuerst folgende Übung.

Wenn man müde ist, möchte man gerne ausgiebig gähnen. Versuchen Sie, diesen Impuls zuzulassen, indem Sie das Gähnen bewusst simulieren. Tun Sie also so, als müssten Sie gähnen. Wenn Sie sowieso schon müde sind, wird Ihr Körper mit richtigem Gähnen reagieren.

Wenn das nicht gelingt, dann schauen Sie sich eines der lustigen Videos auf YouTube an, in denen Menschen versuchen, Sie zum Gähnen zu bringen (geben Sie „Gähnen" in das Suchfeld ein).

Gähnen Sie nun nach Herzenslust ein paar Minuten lang. Wenn Sie Gedanken bemerken, die Ihnen sagen wollen, dies würde deutlich zu weit gehen und die Übung sei lächerlich, nehmen Sie diese Gedanken wahr und probieren Sie die Übung dennoch aus. Sie dürfen die Übung lustig finden, dumm, sinnlos und völlig übertrieben. Alles ist erlaubt!

Bei Achtsamkeit geht es um das Tun, nicht um das Denken. Ihre Gedanken bestimmen nicht, was Sie tun. Sie können sich jederzeit dafür entscheiden, etwas anderes zu tun, als Ihre Gedanken Ihnen einflüstern wollen.

Den ganzen Tag lang arbeite ich Listen weg. Ich werde damit nie fertig und spüre von morgens bis abends den Druck, viel wegarbeiten zu müssen. Immer wieder ist da das Gefühl, alles perfekt machen zu müssen.
Laura (33 Jahre)

Immer mehr Menschen bekommen die Diagnose Burnout gestellt. Die Frage ist, ob das daran liegt, dass wir sensibler geworden sind, was psychische Probleme am Arbeitsplatz betrifft, oder dass die Arbeit an sich viel umfangreicher und anspruchsvoller geworden ist.

Die Menge an Information, die wir an einem Arbeitstag zu verarbeiten bekommen, ist in den letzten zwanzig Jahren explosionsartig angestiegen. Die Messlatte liegt immer höher und man geht einfach davon aus, dass jeder es schon schaffen wird, über die Messlatte zu springen.

Jeder kann selbst planen, Achtsamkeitsübungen am Arbeitsplatz durchzuführen. Es fängt damit an, anzuerkennen, dass wir alle Menschen sind. Wir müssen nicht ständig alles optimal können. Da wir keine Maschinen sind, sollten wir dafür sorgen, dass wir uns ab und zu regenerieren können. Wie geht das? Lesen Sie weiter und entdecken Sie, wie einfach es ist, Achtsamkeit am Arbeitsplatz zu praktizieren.

Stress

Nehmen Sie eine bequeme Sitzposition ein und beobachten Sie Ihre Atmung. Wenn Sie gestresst sind, werden Sie wahrscheinlich bemerken, dass Sie eine schnelle Atmung haben und hauptsächlich in den Brustkorb atmen. Wenn das für Sie zutrifft, dann atmen Sie ein paar Mal tief in den Bauch ein.

Betrachten Sie nun Ihre Hände und spüren Sie, wie der Stress und die Anspannung durch Ihre Hände strömen. Nehmen Sie wahr, ob Ihre Hände zittern und ob sie sich warm oder kalt anfühlen. Bekämpfen Sie dieses Gefühl nicht und geben Sie Ihren Gedanken und Emotionen Raum, während Sie weiter bei den Empfindungen in Ihren Händen verweilen.

Richten Sie Ihre Aufmerksamkeit jetzt auf Ihren Nacken und bewegen Sie den Kopf von links nach rechts. Achten Sie darauf, ob Ihr Nacken verspannt ist. Legen Sie Ihre Hände in den Nacken und lassen Sie den Stress in Ihrem Köper zu, versuchen Sie nicht, den Stress zu umgehen.

Im Garten

Setzen Sie sich in den Garten, schließen Sie die Augen und achten Sie zunächst wieder auf Ihre Atmung. Lassen Sie die Augen geschlossen und hören Sie aufmerksam hin. Was hören Sie? Wenn Sie ein Tier fliegen oder summen hören, benennen Sie es. Wenn Sie den Wind durch eine Pflanze oder einen Strauch wehen hören, nehmen Sie auch das aufmerksam wahr. Hören Sie erst in Ihren Garten hinein, bevor Sie ihn anschauen. Lassen Sie sich Zeit.

Öffnen Sie jetzt die Augen. Schauen Sie an, was Sie vorher gehört haben. Schauen Sie die Pflanze oder die Blumen an, die der Wind streifte, und sehen Sie die Bienen und Hummeln. Was fällt Ihnen in Ihrem Garten auf? Sehen Sie viel Grün oder sehen Sie viele verschiedene Farben? Wissen Sie, wie die einzelnen Blumen riechen? Und wenn ja: Sind Sie ganz sicher?

Gehen Sie jetzt auf die Suche nach kleinen Details. Das kann die Struktur eines Blattes sein oder der Blütenstempel einer Blume. Versuchen Sie, etwas zu entdecken, worüber sich ein Zwerg wundern würde.

Wenn Sie keinen Garten haben, machen Sie die Übung in einem Park oder in der freien Natur.

Bauchschmerzen

Bauchschmerzen lösen sehr unangenehme Gefühle aus, die wir gerne vermeiden oder wenigstens kontrollieren würden. Das Widersprüchliche ist, dass wir gerade deshalb Bauchschmerzen bekommen, weil wir den Kontakt zum Körper vermeiden. Der Bauch sagt durch die Schmerzen, dass er mehr Aufmerksamkeit für sich braucht. Dieses Signal zu missachten, verstärkt die Schmerzen meist noch.

Probieren Sie einmal etwas anderes aus: Nehmen Sie eine bequeme Sitzposition ein, achten Sie auf Ihre Atmung und betrachten Sie Ihren Bauch. Lassen Sie den Bauch an der Atmung teilhaben und nehmen Sie wahr, wie Ihr Bauch ein- und ausatmet.

Wo im Bauch befindet sich der Schmerz? Versuchen Sie, die genaue Schmerzstelle zu finden und legen Sie Ihre Hand auf diese Stelle; erwarten Sie dabei nicht, dass der Schmerz sogleich nachlässt.

Hier also befindet sich der Bauchschmerz, an dieser Stelle. Geben Sie dem Schmerz alle Aufmerksamkeit, auch wenn er stärker werden sollte. Betrachten Sie den Schmerz wie ein Kind, das um Aufmerksamkeit schreit. Je mehr Aufmerksamkeit Sie ihm geben, desto wahrscheinlicher ist es, dass es letztlich aufhört, zu schreien.

Kochen

Oft eilen wir von Termin zu Termin, fahren von der Arbeit schnell nach Hause, kochen uns schnell etwas und machen uns wieder auf den Weg zum nächsten Termin. Achtsam leben meint die Erkenntnis, dass wir frei sind und uns bewusst für ein Leben mit weniger Leistungsdruck entscheiden können.

Machen Sie diese Übung auch, wenn Sie nicht gerne kochen. Probieren Sie es einfach aus!

Waschen Sie sich zunächst die Hände. Wählen Sie ein Gericht mit mehreren Zutaten. Werden Sie ein abtastender, schnüffelnder Koch, der alles, was er verarbeitet, zuerst fühlen und riechen möchte. Vor allem bei einigen Gemüsesorten werden Sie eine Explosion an Gefühlen und Gerüchen erleben. Schneiden Sie das Gemüse und spüren Sie den Saft zwischen den Fingern. Erspüren Sie zum Beispiel die Struktur von Brokkoli und riechen Sie an den verschiedenfarbigen Paprikas.

Wenn Ihre Gedanken das übertrieben finden, machen Sie sich dann bewusst, dass dieses Essen gleich von Ihrem Körper aufgenommen wird. Diese Übung kann bewirken, dass Sie bewusster, schmackhafter und gesünder essen wollen.

Oft bin ich so in Gedanken versunken, dass ich vergesse, wo ich mich gerade aufhalte. Ich denke dann an alles, was ich noch zu tun habe, und verliere den Kontakt zum Hier und Jetzt. Wie kann ich wieder lernen, zu fühlen?
Eva (31 Jahre)

Das *Denken* ist in unserer Gesellschaft fast so etwas wie eine heilige Kuh. Dagegen läuft ein Mensch, der intensiv einen Baum betrachtet, Gefahr, als seltsam oder verrückt wahrgenommen zu werden. Trotzdem versteht dieser Mensch mehr vom Leben, als man auf den ersten Blick annehmen würde. Glück lässt sich nämlich unter anderem im aufmerksamen Betrachten von Dingen finden.

Wenn Sie wissen möchten, was der Kopf alles nicht wahrnimmt und was somit unbemerkt bleibt, dann probieren Sie einmal die folgenden Übungen aus. Sie können dabei lernen, aus dem Kopf heraus- und ins wirkliche Leben hineinzugehen.

Auf diese Weise können Sie sich mit allem, was lebt, verbinden und vieles neu entdecken.

Musik hören

Setzen Sie einen Kopfhörer auf und hören Sie sich das schönste Musikstück an, das Sie kennen. Vermutlich haben Sie diese Musik schon sehr oft angehört und glauben, das Stück in- und auswendig zu kennen.

Ändern Sie die Lautstärke und hören Sie die Musik leiser, als Sie es normalerweise tun. Ihre Ohren sind nun gefordert! Versuchen Sie, trotz der niedrigeren Lautstärke das gesamte Stück komplett in sich aufzunehmen.

Konzentrieren Sie sich nun auf die einzelnen Instrumente. Normalerweise ist ein Song aufgebaut aus Drums, Bass, Gitarre oder Klavier, Gesang und anderen Instrumenten. Versuchen Sie, alle Komponenten einzeln zu hören und benennen Sie, was Ihnen auffällt.

Wenn Sie den Titel Stereo hören, werden Sie manche Instrumente vor allem im linken bzw. im rechten Ohr hören. Benennen Sie auch, was Sie links hören und rechts nicht und umgekehrt.

Setzen Sie sich auf einen Stuhl und achten Sie anfangs wieder auf Ihre Atmung, ohne sie lenken zu wollen. Schließen Sie nun die Augen und konzentrieren Sie sich auf die Wahrnehmung Ihrer Ohren. Achten Sie auf die Geräusche in Ihrer unmittelbaren Umgebung. Es kommt nicht darauf an, wo Sie sich befinden. Was hören Sie? Vielleicht hören Sie vorbeifahrende Autos oder das Gezwitscher von Vögeln? Nehmen Sie die Geräusche wahr und hören Sie weiter aufmerksam hin. Lassen Sie eventuelle Gedanken, die Sie ablenken, zu, während Sie wie ein Mikrofon Ihre Umgebung weiter auf Geräusche hin „abscannen."

Wenn Sie ein störendes Geräusch bemerken, lassen Sie auch dieses Geräusch in Ihrem Erleben zu. Das ist sehr wichtig! Ihre Gedanken wollen vielleicht versuchen, das unangenehme Geräusch abzustellen, geben Sie deshalb den unangenehmsten Geräuschen möglichst viel Raum.

Werden Sie eine äußerst aufmerksame Hörerin oder ein aufmerksamer Hörer und machen Sie diese Übung auch, wenn Sie Musik hören, in einem Zug sitzen oder im Garten sind. Je öfter Sie üben, desto mehr werden Sie hören und erkennen, dass vieles anders (und oft schöner) klingt.

Rad fahren

Spüren Sie zunächst, wie Sie auf dem Sattel sitzen. Ist es ein harter Sattel? Ein weicher? Sitzen Sie hoch oder niedrig auf dem Fahrrad?

Klingeln Sie einmal. Wie klingt das? Klingeln Sie mehrmals hintereinander wie ein ausgelassenes Kind. Wie klingt es jetzt? Sie dürfen es nervig finden, irritierende Empfindungen haben auch ihre Berechtigung.

Fahren Sie nun los und achten Sie auf den Kontakt, den die Hände zum Lenker haben und die Füße zu den Pedalen. Nehmen Sie wahr, ob es warm ist oder eher kühl, und ob es windig, vielleicht sogar stark windig, ist.

Wenn Sie mit dem Fahrrad zur Arbeit, zu Ihrer Freizeitbeschäftigung oder zum Supermarkt fahren, sehen Sie sich dann um, ob Sie etwas Neues entdecken. Schauen Sie die Bäume an, die Gebäude und nehmen Sie aufmerksam Ihre Umgebung wahr.

Erkunden Sie Ihre vertrautesten Fahrradwege neu. Sie werden überrascht sein, was Sie alles entdecken werden, das Sie bisher übersehen haben.

Riechen

Was ist das Beste, das Sie jemals gerochen haben? Und was riecht für Sie extrem abstoßend? Lassen Sie uns ein Experiment machen.

Experimentieren Sie mit Gerüchen und riechen Sie bewusst an den Blumen im Garten oder an einer Seife im Badezimmer. Schließen Sie die Augen und sehen Sie vor Ihrem geistigen Auge, wie sich 50 Millionen Riechzellen in Ihrer Nase vollkommen öffnen. Alles dreht sich jetzt um das Riechen, schnuppern Sie munter drauflos!

Lassen Sie sich nicht von Gerüchen abstoßen, die unangenehm sind, und schenken Sie diesen Gerüchen das kleine bisschen mehr Aufmerksamkeit, als Ihren Gedanken lieb ist.

Versuchen Sie außerdem, Dinge zu finden, an denen Sie noch nie wirklich gerochen haben, wie vielleicht dem Holz an Ihrem Zaun oder am Gummi der Fahrradreifen. Wenn Ihre Gedanken Ihnen zurufen wollen: „Ja, ja, ich weiß doch wohl, wie das riecht", lassen Sie diesen Gedanken ruhig laut werden und machen Sie dennoch die Übung. Erst erleben, dann urteilen!

Tipp: Kaufen Sie sich ein gutes Parfum oder räuchern Sie Weihrauch, gerade auch dann, wenn Sie allein (zu Hause) sind!

Gehen

Gehen Sie allein zu einem ruhigen Ort in Ihrer Nähe. Schließen Sie die Wohnungstür bewusst hinter sich, wenn Sie losgehen. Machen Sie sich bewusst, dass Sie jetzt in diesem Moment frei sind.

Gehen Sie gemächlich, schauen Sie Ihre Füße an und den Boden, auf dem Sie gehen. Betrachten Sie Ihre Umgebung und benennen Sie alles, was Sie sehen. Hier gehen Sie also. Ohne Ihre Schritte zu zählen, ohne perfekt sein zu müssen.

Sie können solche Momente nutzen, um den Kopf ruhig werden zu lassen, während der Körper aktiv ist. Wenn Sie die Gegend, in der Sie unterwegs sind, sehr schön finden, funktioniert die Übung am besten. Lassen Sie sich Zeit! Nehmen Sie wahr, wie Sie gehen. Wenn Ihre Gedanken Ihnen seltsame Botschaften zurufen, dann ist das in Ordnung. Sie gehen. Sie sind. Mehr müssen Sie jetzt gerade nicht sein.

Heute bin ich einfach losmarschiert.
Und da, wo ich gehe, ist ab jetzt ein Weg.
(Liedzeile aus dem Titel
„Vandaag ben ik gaan lopen“
von Acda & de Munnik)

Schmecken

Haben Sie schon einmal eine optimale Rendite aus einer Leckerei herausgeholt? Hier ist Ihre Chance.

Nehmen Sie eine Leckerei und legen Sie sie vor sich hin. Es spielt keine Rolle, ob Sie speziell diese Leckerei gerne mögen oder nicht. Egal, was Ihre Gedanken Ihnen vermitteln, Sie sollen alles selbst erleben.

Setzen Sie sich hin, achten Sie auf Ihre Atmung und richten Sie Ihre vollständige Aufmerksamkeit auf Ihre Zunge. Spüren Sie, wie Ihre Zunge im Mund liegt, erkunden Sie, ob sie trocken ist oder eher feucht. Bewegen Sie Ihre Zunge zum Gaumen und nehmen Sie dann die Leckerei in die Hand.

Legen Sie sie auf Ihre Zunge und bewegen Sie die Zunge möglichst nicht. Lassen Sie die Leckerei einfach auf der Zunge liegen. Schmeckt sie süß, sauer, salzig, bitter oder nach einer Kombination verschiedener Geschmacksrichtungen?

Bewegen Sie jetzt die Zunge und lassen Sie die Leckerei im Mund kreisen. Versuchen Sie, nicht zu kauen oder die Leckerei aufzuessen und lassen Sie den Speichel seine Arbeit tun. Ändert sich etwas am Geschmack oder bleibt er genau gleich? Nehmen Sie es wahr.

Wenn ich endlich einmal Zeit habe, etwas Schönes zu unternehmen, kann ich es oft gar nicht richtig genießen. Ich wünschte, ich könnte meine Gedanken hin und wieder ausschalten.
Bernd (52 Jahre)

Das heilige „Müssen" hat sich inzwischen auch in unserer Freizeit etabliert. Kalorien- und Schrittzähler dokumentieren auch hier unsere Leistungen. Den meisten Druck üben wir allerdings selbst auf uns aus. Wie können wir wieder mehr altmodische Verspieltheit in unser Leben zurückholen?

Vielleicht kann die Erkenntnis, dass wir viel freier sind, als wir denken, die Initialzündung sein? Der strengste Chef, dem Sie je begegnen werden, wohnt meistens im eigenen Kopf. Gönnen Sie sich Raum und Freiheit und verlassen Sie Ihr selbstgebautes Gefängnis.

Beginnen Sie jede der folgenden Übungen in dem Bewusstsein: Sie sind ein freier Mensch!

Was sehen Sie auf dem Bild? Eine alte oder eine junge Frau? Schauen Sie genau hin und versuchen Sie, beide Frauen zu entdecken.

Wechseln Sie nun zwischen der alten und der jungen Frau hin und her. Versuchen Sie anschließend, alle Elemente einzeln zu sehen: Die Feder, das weiße Kopftuch, das schwarze Haar, das Gesicht, die Jacke und den weißen Hintergrund.

Eine Sache sehr aufmerksam anzuschauen, lässt sich üben. Alle Dinge, die wir sehen, enthalten oft auch verborgene Aspekte, die wir (noch) nicht kennen, so wie in der oben abgebildeten alten Frau eine junge Frau verborgen ist und umgekehrt. Nicht alles ist so, wie es auf den ersten Blick erscheint.

Körperliche Angstsymptome
(Forts.)

Kombinieren Sie die Erkenntnis aus der vorhergehenden Seite mit der folgenden Übung.

Nehmen Sie einen nicht zu dünnen Trinkhalm (ich empfehle die weißen mit den farbigen Streifen) und setzen Sie sich an einen Platz, an dem Sie nicht gestört werden. Nehmen Sie den Trinkhalm in den Mund und verschließen Sie mit der anderen Hand Ihre Nase. Atmen Sie ausschließlich durch den Trinkhalm und versuchen Sie, drei Minuten durchzuhalten.

Viele Menschen, die diese Übung machen, empfinden zunächst Beklemmung. Man möchte eventuell die Übung vorzeitig beenden oder sie gar nicht erst durchführen.

Wer allerdings durchhält, merkt mit der Zeit, dass das unangenehme Gefühl ganz von selbst aufhört. Der Körper passt sich der neuen Situation an, die Beklemmung (und damit die Angst) lässt schließlich nach, genauso wie es die Grafik auf der vorhergehenden Seite zeigt.

Wenn Sie dies einmal erlebt haben, können Sie diese Erfahrung auch auf andere Arten körperlicher Angstsymptome übertragen. Bleiben Sie so lange in der angstauslösenden Situation, bis die Angst aufhört. Auf Dauer werden Sie immer seltener mit der Angst konfrontiert werden.

Fühlen

Unsere Hände und Füße sind die wichtigsten Instrumente, wenn es um die taktile Wahrnehmung geht.

Ziehen Sie Ihre Schuhe und Socken aus, setzen Sie sich an einen ruhigen Ort und schließen Sie die Augen. Achten Sie auf Ihre Atmung und versuchen Sie nicht, die Atembewegung zu lenken.

Spüren Sie nun, auf welcher Unterlage sich Ihre Füße befinden. Konzentrieren Sie sich auf Ihre Fußsohlen und auf die Bereiche, an denen die Füße Kontakt zum Boden haben. Ist der Boden warm oder kalt? Ist er weich oder hart? Bewegen Sie die Füße ein wenig und spüren Sie, wie die Fußsohlen über den Boden streichen. Bewegen Sie die Zehen und fühlen Sie jede Zehe einzeln. Wie fühlt sich die kleine Zehe im Vergleich zur großen Zehe an? Machen Sie das mit beiden Füßen und nehmen Sie sich Zeit.

Mit den Händen können Sie anschließend Kontakt zur Stuhllehne herstellen oder zum Stoff des Sofas oder eines Kissens.

Tipp: Experimentieren Sie! Betreten Sie zum Beispiel bewusst mit nackten Füßen eine Grasfläche oder fragen Sie Ihre Hände, wie sich das Papier dieses Fächers genau anfühlt (dünn, dick, glatt, rau).

Körperliche Angstsymptome

Jeder Mensch reagiert anders auf aufregende und spannende Situationen. Manche Menschen erröten, zittern und haben Herzklopfen, bei anderen stellt sich ein leichtes Schwindelgefühl im Kopf ein. Wenn wir uns sehr bemühen, diese Empfindungen zu vermeiden, nehmen sie oft an Intensität zu. Deshalb erleben wir meist gar nicht, dass diese Gefühle ganz von allein wieder weggehen können.

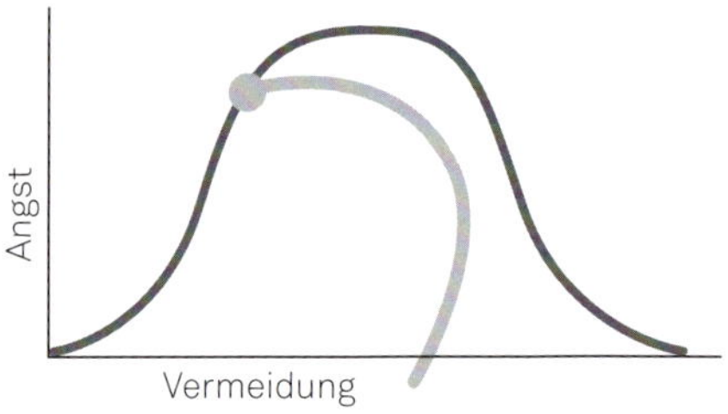

In erster Linie ist der Versuch, das Gefühl der Angst zu vermeiden, der Grund dafür, dass die Angst bestehen bleibt. Es gibt auch die Möglichkeit, die Angst bewusst und aktiv einzuladen.

Ich habe manchmal das Gefühl, mein Zuhause ist wie ein Hühnerhaufen. Alle rennen wild durcheinander, ständig läuft der Fernseher, immer herrscht Trubel um mich herum. Manchmal würde ich meine Familie sehr gern für wenigstens mal fünf Minuten abstellen.

Erik (42 Jahre)

Offenbar werden wir immer süchtiger nach Reizen. Smartphones, PCs und Fernseher vibrieren, fiepen und lärmen den ganzen Tag in unserer unmittelbaren Nähe. Fraglich ist, ob diese permanente Beschallung und Versorgung mit Information noch gesund für uns ist.

Wir wollen nicht in die Steinzeit zurückkehren, ich möchte aber mit Ihnen zusammen herausfinden, wie wir mehr Ruhe, mehr Raum für uns selbst in unserer unmittelbaren Umgebung gewinnen können. Und wo könnte man da besser ansetzen als im eigenen Zuhause?

Wenn Sie mit anderen Menschen zusammenleben oder eine Familie haben, beziehen Sie diese Personen dann in die Übungen mit ein. Jeder kann letztlich davon profitieren.

Heiterkeit

Mit dem Älterwerden neigen wir dazu, ernsthafter zu werden. Wir tragen schließlich auch mehr Verantwortung für unseren Hauskredit, den Job und die Kinder und vergessen dadurch, uns in Unbefangenheit zu üben.

Eine sehr schöne Möglichkeit, das zu tun, ist die Lachtherapie. Die Lachtherapie beinhaltet schlichtweg, dem Körper nahezulegen, wieder mehr zu lachen. Der Geist wird schließlich darin mitgehen.

Es funktioniert ganz einfach: Setzen Sie sich vor einen Spiegel und ziehen Sie die Mundwinkel nach oben (erst machen, dann urteilen!). Zeigen Sie Ihr breitestes Lachen. Sie müssen nicht fröhlich sein. Es geht darum, die Lachmuskulatur zu trainieren und zu bemerken, wie Sie sich fühlen. Spüren Sie, wie sich Ihre Mundwinkel zu den Ohren hinbewegen und schauen Sie im Spiegel, wie das aussieht.

Wussten Sie, dass schon allein durch diese Bewegung mehr positive Hormone im Gehirn ausgeschüttet werden? Heiterkeit kann man also üben!

Stille erleben

Da wir so süchtig nach Reizen sind, werden viele Menschen die folgende Übung nicht mögen. Ich möchte Sie dennoch bitten, diese Übung trotz eventueller Vorbehalte auszuprobieren.

Schalten Sie alle Geräte (außer dem Kühlschrank) eine halbe Stunde lang aus, d.h. auch das Licht, Ihr Handy, Ihr Fernsehgerät, alles.

Nehmen Sie eine angenehme Sitzposition ein und zünden Sie eine Kerze an. Achten Sie auf Ihre Atmung und nehmen Sie wahr, wie die Kerze brennt. Bleiben Sie mit Ihrer Aufmerksamkeit bei der kleinen Flamme, achten Sie darauf, wie sie brennt und sich bewegt.

Achten Sie auf die Geräusche in Ihrer Umgebung. Ist es still oder hören Sie viel Lärm von draußen? Machen Sie sich das bewusst. Wenn Ihre Gedanken suggerieren wollen, diese Übung sei unsinnig oder langweilig, machen Sie sich dann auch diese Gedanken bewusst, während Sie weiter ruhig auf die Kerze schauen.

Sie dürfen alles denken und empfinden. Seien Sie einfach eine halbe Stunde lang Sie selbst, ohne Ablenkung durch Umgebungsreize.

Traurigkeit

Der Ausdruck „sich ausweinen" hat durchaus seine Berechtigung. Für jemanden, der traurig ist, weil er einen Menschen verloren hat oder weil eine Sache schiefgegangen ist, sind Kummer und Trauer das Mittel, um sich mit dieser Realität zu konfrontieren.

Was erlauben wir uns zu selten? Traurig sein gilt als Zeichen der Schwäche, ein Zustand, den man möglichst vermeiden sollte. Doch wenn die Umstände uns traurig machen, warum sollen wir dann nicht traurig sein dürfen?

Probieren Sie etwas Neues aus und machen Sie folgendes Experiment:

Setzen Sie sich allein in ein Zimmer und schreiben Sie in einem Satz auf ein Blatt Papier, warum Sie traurig sind. Zum Beispiel: „Ich fühle mich einsam und allein." Oder: „Ich würde so gern mehr aus meinem Leben machen."

Legen Sie das Blatt vor sich auf den Tisch und schauen Sie es in aller Ruhe an. Legen Sie buchstäblich Ihre Traurigkeit auf den Tisch und lassen Sie den Moment auf sich wirken. Lassen Sie Ihren Gedanken, Gefühlen und Tränen freien Lauf. Stehen Sie nun auf und lassen Sie sich von der Wirkung dieser Übung überraschen!

(Ein-)Schlafen

Was passiert, wenn Sie der Überzeugung sind, Sie sollten jetzt auf jeden Fall schlafen? Meistens liegen Sie dann die halbe Nacht lang wach. Umgekehrt funktioniert das auch: Wenn Sie bereit sind, wach zu liegen, schlafen Sie in der Regel schneller ein.

Sie liegen im Bett und konzentrieren sich wie immer zuerst auf die Atmung und dann auf Ihren Körper. Machen Sie den Bodyscan (siehe Seite 12) und richten Sie die Aufmerksamkeit danach auf die Unterlage, auf der Sie liegen. Wie ist die Beschaffenheit der Unterlage, ist sie hart oder weich? Spüren Sie die Kontaktpunkte von Körper und Matratze.

Achten Sie nun wieder auf Ihre Atmung und spüren Sie, wie Ihr Körper mit jedem Atemzug schwerer wird. Versuchen Sie, sich vorzustellen, wie Sie mit jedem Seufzer tiefer in Ihr Bett einsinken. Wenn Ihre Gedanken melden, dass das nicht funktioniert, geben Sie den Gedanken Raum und setzen Sie die Übung fort.

Sie müssen nicht sofort einschlafen, Sie sollen nur Ihren Körper zur Ruhe bringen. Der Schlaf kommt erst, wenn Ihr Körper bereit dafür ist. Diese Übung drückt aus, dass Sie die Weichen entsprechend stellen.

Wut und Ärger

Machen Sie diese Übung, wenn Sie allein sind.

Wenn Sie wütend auf jemanden sind oder wenn eine Situation Sie geärgert hat, wird sich diese Wut zweifelsohne in Ihrem Körper abspeichern. Suchen Sie bewusst diese Wut in Ihrem Körper auf, ohne sie ausmerzen zu wollen. Achten Sie auf Ihre Atmung, Ihre Hände, den Magen und den Kopf und spüren Sie hin, ob Wut durch diese Körperteile fließt. Nehmen Sie wahr, wie es sich anfühlt und lassen Sie sich Zeit.

Erklären Sie nun sich selbst gegenüber, laut und mit kräftiger Stimme, warum Sie wütend sind. Erzählen Sie sich die Geschichte und sagen Sie ruhig alles. Niemand hört Sie, Sie müssen sich nicht zurückhalten. Wenn Sie jetzt noch wütender werden, weil Sie sich die Geschichte erneut vergegenwärtigen, lassen Sie es einfach zu. Wenn Sie schimpfen wollen, erlauben Sie es sich für eine Weile. Halten Sie einen kleinen Vortrag über Ihre Wut und versuchen Sie dabei nicht, ruhiger zu werden.

Gerade weil wir versuchen, Emotionen zu „überdecken", werden sie oft nur noch intensiver. Ihre Wut gehört zu Ihnen, nehmen Sie sie an!

Gedanken beobachten

Nehmen Sie einen Block mit gelben Haftnotizen zur Hand und setzen Sie sich im Wohnzimmer vor den Fernseher. Lassen Sie den Verstand bewusst rattern und schreiben Sie jeden Gedanken, der Ihnen in den Sinn kommt, auf einen eigenen Zettel. Kleben Sie diese Zettel anschließend Stück für Stück auf Ihren Fernseher. Lassen Sie sich Zeit und schreiben Sie alles auf, was Ihnen durch den Kopf geht. Machen Sie die Übung, bevor Sie eine Abwehrhaltung eingenommen haben.

Wenn Sie beispielsweise denken: „Was ist das nun wieder für eine komische Übung?", schreiben Sie auch das auf einen Zettel und kleben Sie ihn zu den anderen. Wenn Ihnen durch den Kopf geht, dass Sie nachher den Fernseher wieder reinigen müssen: Schreiben Sie es auf! Auch das ist ein weiterer Gedanke, den Ihr Verstand produziert. Machen Sie die Übung so lange, bis Ihr Fernsehgerät vollgeklebt ist mit Gedanken.

Sinn und Zweck der Übung ist, dass Sie Abstand zu Ihren Gedanken finden und diese damit weniger Einfluss ausüben.

Außerdem ist diese Übung eine Metapher: Durch die vielen Zettel sehen Sie den Bildschirm Ihres Fernsehers nicht mehr, so wie Sie die Realität durch die vielen Gedanken nicht mehr sehen.

Emotionen

Ich nehme mich oft zurück. Ich würde schon gern sagen, dass ich mit diesem oder jenem nicht einverstanden bin. In der Situation sage ich nichts, spüre aber, dass es mich innerlich aufwühlt.
Maike (28 Jahre)

Wie mir scheint, gibt es kaum noch Platz für unsere menschlichen Emotionen. Wir sollen tough, realistisch und vor allem sehr stark sein. Vielen Menschen fällt es schwer, Emotionen zu zeigen, weil sie Angst haben, damit negativ aufzufallen.

Der Nachteil ist, dass die Gefühle trotzdem innerlich präsent bleiben, einen aufwühlen, vielleicht sogar noch intensiver werden. In diesem Abschnitt finden Sie Übungen, wie Sie mit Ihren Emotionen besser umgehen können, ohne sie vor anderen auszuleben. Machen Sie sich bewusst, was Sie fühlen.

Stellen Sie sich dabei den Schlauch eines Fahrradreifens vor, der im Lauf des Tages immer stärker aufgepumpt wird. Die Übungen in diesem Abschnitt zeigen Ihnen, wie Sie das Ventil öffnen können, sodass Luft entweichen kann.

Essen

Erfinden Sie ein Ritual, bei dem Sie sich bewusst die Zeit dafür nehmen, herauszufinden, was Sie genau essen. Das klingt vielleicht wie eine Selbstverständlichkeit, aber probieren Sie es aus. Sie werden sich über den Automatismus, der sich in Ihr Ernährungsverhalten eingeschlichen hat, wundern.

Schauen Sie zuerst einmal, was alles auf Ihrem Teller liegt. Nehmen Sie sich etwa zehn Sekunden Zeit und schauen Sie sich an, welche Farben Ihr Essen hat und wie es aussieht. Fällt Ihnen etwas auf?

Nehmen Sie sich nun einen Moment, um ganz bewusst zu riechen, was Sie gleich essen werden. Schließen Sie die Augen und richten Sie Ihre Aufmerksamkeit ausschließlich auf den Geruch. Wenn Ihre Gedanken jetzt einwenden, dass das Essen kalt wird, ist das in Ordnung. Wer Gewohnheiten ändert, muss immer mit protestierenden Gedanken rechnen, lassen Sie also die Gedanken ruhig nörgeln.

Essen Sie langsam, bewusst und wechseln Sie möglichst oft die Geschmacksrichtung. Schmecken Sie bewusst die einzelnen Zutaten und machen Sie aus jeder Mahlzeit einen achtsamen Moment.

Duschen

Wenn Sie unter der Dusche stehen, spüren Sie dann einmal bewusst den Kontakt des Wassers mit Ihrer Haut. Spüren Sie, an welchen Stellen das Wasser auf Ihre Haut trifft und wo nicht. Wechseln Sie von warmem zu kaltem Wasser und spüren Sie den Unterschied. Betrachten Sie die Erfahrung des Duschens wie unter dem Vergrößerungsglas und strengen Sie sich an, alles aus dieser Erfahrung herauszuholen.

Spüren Sie, wie das Wasser auf Ihren Kopf trifft. Wenn Sie die Haare waschen, benutzen Sie die Fingerspitzen und massieren Sie die Kopfhaut.

Verwenden Sie einen weichen, feinen Schwamm und Ihr Lieblingsduschgel. Legen Sie höchsten Wert darauf! Glück besteht oft aus diesen bewussten Momenten, in denen Sie sich ganz in Ihr Tun vertiefen. Nehmen Sie Ihre Arbeit nicht mit ins Badezimmer und zelebrieren Sie das Duschen wie ein kleines Fest.

Die Haut, unser größtes Sinnesorgan, besitzt unzählige Oberflächensensoren. Nutzen Sie dieses Wissen für sich, zum Beispiel beim Abtrocknen. Wie fühlt sich das Handtuch an? Ist es weich oder ist es hart und rau? Wie riechen die Kleidungsstücke, die Sie anziehen? Wie fühlen sich die nackten Füße auf dem Boden an?

Erleben Sie das Duschen als Moment, in dem Sie vorübergehend aus Ihrem Kopf heraustreten.

Gijs Jansen ist Psychologe, Supervisor und Ausbilder für Akzeptanz- und Commitment-Therapie (ACT) bei SeeTrue in Maastricht (Niederlande).

Achtsam zu sein, bedeutet ein aktives Beobachten all dessen, was wir in diesem Moment erleben. Und zwar möglichst, ohne zu urteilen. Achtsamkeit lehrt uns, die Realität zuzulassen, auch dann, wenn unser Denken diese Realität als unangenehm einstuft. Durch die Praxis der Achtsamkeit können Sie eine offene Haltung entwickeln und die Bereitschaft, das Leben so wahrzunehmen, wie es ist – mit allen Vor- und Nachteilen. Achtsamkeit ist keine Frage der Örtlichkeit, Sie können immer und überall achtsam sein.

Der Fächer enthält über 30 alltagstaugliche Übungen, mit denen Sie vor allem lernen, Ihre Wahrnehmung zu schärfen und offen zu sein für das, was sich im Hier und Jetzt ereignet. Der Fächer ist ein praktischer Begleiter für alle, die Achtsamkeit praktizieren und sich selbst und ihre Umgebung neu erkunden wollen.

ISBN 978-3-8017-3034-5

9 783801 730345